COMO OS PAPÉIS DE GÊNERO AFETAM AS RELAÇÕES DE PODER?

BUSCANDO RESPOSTAS POR MEIO DAS CIÊNCIAS SOCIAIS

Catalogação na Fonte
Elaborado por: Dayanne Leal Souza
Bibliotecária CRB 9/2162

P436c
2025

Pereira, Karina Wuo
Como os papéis de gênero afetam as relações de poder?: buscando respostas por meio das ciências sociais / Karina Wuo Pereira. – 1. ed. – Curitiba: Appris, 2025.
67 p. ; 21 cm. – (Coleção Ciências Sociais. Seção Sociologia).

Inclui referências.
ISBN 978-65-250-7606-5

1. Gênero. 2. Poder. 3. Papéis. I. Pereira, Karina Wuo. II. Título. III. Série.

CDD – 305.4

Livro de acordo com a normalização técnica da ABNT

Appris editorial

Editora e Livraria Appris Ltda.
Av. Manoel Ribas, 2265 – Mercês
Curitiba/PR – CEP: 80810-002
Tel. (41) 3156 - 4731
www.editoraappris.com.br

Printed in Brazil
Impresso no Brasil

Karina Wuo Pereira

COMO OS PAPÉIS DE GÊNERO AFETAM AS RELAÇÕES DE PODER?

BUSCANDO RESPOSTAS POR MEIO DAS CIÊNCIAS SOCIAIS

Appris editora

Curitiba, PR
2025

FICHA TÉCNICA

EDITORIAL	Augusto Coelho Sara C. de Andrade Coelho	
COMITÊ EDITORIAL E CONSULTORIAS	Ana El Achkar (Universo/RJ) Andréa Barbosa Gouveia (UFPR) Antonio Evangelista de Souza Netto (PUC-SP) Belinda Cunha (UFPB) Délton Winter de Carvalho (FMP) Edson da Silva (UFVJM) Eliete Correia dos Santos (UEPB) Erineu Foerste (Ufes) Fabiano Santos (UERJ-IESP) Francinete Fernandes de Sousa (UEPB) Francisco Carlos Duarte (PUCPR) Francisco de Assis (Fiam-Faam-SP-Brasil) Gláucia Figueiredo (UNIPAMPA/ UDELAR) Jacques de Lima Ferreira (UNOESC) Jean Carlos Gonçalves (UFPR) José Wálter Nunes (UnB)	Junia de Vilhena (PUC-RIO) Lucas Mesquita (UNILA) Márcia Gonçalves (Unitau) Maria Margarida de Andrade (Umack) Marilda A. Behrens (PUCPR) Marília Andrade Torales Campos (UFPR) Marli C. de Andrade Patrícia L. Torres (PUCPR) Paula Costa Mosca Macedo (UNIFESP) Ramon Blanco (UNILA) Roberta Ecleide Kelly (NEPE) Roque Ismael da Costa Güllich (UFFS) Sergio Gomes (UFRJ) Tiago Gagliano Pinto Alberto (PUCPR) Toni Reis (UP) Valdomiro de Oliveira (UFPR)
SUPERVISORA EDITORIAL	Renata C. Lopes	
PRODUÇÃO EDITORIAL	Adrielli de Almeida	
REVISÃO	Ana Carolina de Carvalho Lacerda	
DIAGRAMAÇÃO	Amélia Lopes	
CAPA	Eneo Lage	
REVISÃO DE PROVA	Sabrina Costa	

COMITÊ CIENTÍFICO DA COLEÇÃO CIÊNCIAS SOCIAIS

DIREÇÃO CIENTÍFICA	**Fabiano Santos (UERJ-IESP)**	
CONSULTORES	Alícia Ferreira Gonçalves (UFPB) Artur Perrusi (UFPB) Carlos Xavier de Azevedo Netto (UFPB) Charles Pessanha (UFRJ) Flávio Munhoz Sofiati (UFG) Elisandro Pires Frigo (UFPR-Palotina) Gabriel Augusto Miranda Setti (UnB) Helcimara de Souza Telles (UFMG) Iraneide Soares da Silva (UFC-UFPI) João Feres Junior (Uerj)	Jordão Horta Nunes (UFG) José Henrique Artigas de Godoy (UFPB) Josilene Pinheiro Mariz (UFCG) Leticia Andrade (UEMS) Luiz Gonzaga Teixeira (USP) Marcelo Almeida Peloggio (UFC) Maurício Novaes Souza (IF Sudeste-MG) Michelle Sato Frigo (UFPR-Palotina) Revalino Freitas (UFG) Simone Wolff (UEL)

O importante é que não me impeçam de pensar
e de tentar afirmar nossa vocação à liberdade através
de coisas pequenas e grandes que constituem o nosso dia a dia.

(Ivone Gebara)

AGRADECIMENTOS

Agradeço a todos que me cercam e me ajudaram a frutificar.

A toda a minha família, que semeou a curiosidade em mim, lembrando-me diariamente de que nunca há sementes suficientes e podemos semear infinitamente.

A todas as escolas, professores, cursos, mestres e educadores que me ensinaram a cuidar das sementes, regando, iluminando e dando tempo a cada uma para que se desenvolvessem a seu tempo.

A todas as amigas, amigos, pessoas queridas, que estarão eternamente em meu coração, que me mostraram como adubar, tirar ervas daninhas e dar espaço para minha semente crescer.

À minha terapeuta, sem ela eu não teria a coragem necessária para deixar minha árvore florescer e colher este livro-fruto.

Ao meu filho, meu primeiro fruto.

A todas as pessoas que questionam,
pois se sentem curiosas e interessadas em aprender.

APRESENTAÇÃO

Desde criança, com 3 ou 4 anos de idade, contestei as roupas, os comportamentos, as permissões e as proibições que a vida me impunha por ser do gênero feminino. Os argumentos me pareciam fracos e, na maioria das vezes, não me convenciam. Cresci assim, aceitando pela imposição social como deveria ser, mesmo não me sentindo confortável o suficiente para não pensar mais nisso. Aquela sombra do não se encaixar perfeitamente sempre estava ali, ao lado, perseguindo-me.

No entanto, fiz tudo o que deveria ter feito, fui aceita, legitimada, recebida como mulher, mãe, esposa. Por que eu não me satisfazia? Será que só eu me sentia assim?

Mas conheci mais pessoas iguais a mim, em um grupo de estudos de feminismos. Após iniciar a faculdade de Sociologia, no meio da pandemia, lá estávamos nós, falando do mesmo sentimento, das mesmas indagações e buscando as mesmas respostas.

Saber que os papéis de gênero se impõem antes mesmo do nosso nascimento, nos ultrassons, na preparação para receber um menino ou menina, nos quartos de bebês decorados deste ou daquele jeito, das roupas, da forma de falar, das tarefas que um aprenderá e o outro não. Saber que há uma estrutura da qual não podemos fugir e que confere poderes diferenciados para os gêneros, além de excluir ou restringir os que não se "encaixam". As consequências de nossas escolhas em seguir esses papéis tão arraigados na sociedade podem ser um fardo muito pesado.

A importância de estudar gêneros e suas relações com o poder é primordial na nossa sociedade, pois somente por meio de estudos, pesquisas, observações e questionamentos poderemos entender essa disparidade estruturada. Sendo o mais importante, para mim, aceitar a todos como cidadãos em igualdade de produzir, capacitar-se, reproduzir, escolher e responsabilizar-se de maneira equivalente.

A autora

PREFÁCIO

Acredito que a educação é poder para as mulheres, assim como defende Malala Yousafzai, e digo mulheres para além dos seus papéis sociais.

O livro *Como os papéis de gênero afetam as relações de poder? Buscando respostas por meio das Ciências Sociais* é uma excelente e primorosa contribuição de Karina Wuo Pereira para os estudos de gênero no Brasil. Sinto-me privilegiada, como representante de uma comunidade de educação com mulheres, de prefaciar esta obra.

Houve um tempo em que as mulheres eram definidas pelos papéis que exerciam na sociedade, este tempo, não muito distante, ainda se faz presente nas diversas relações e ocupações das mulheres. Basta fazer uma consulta rápida na lista de ocupações por gênero no Brasil e ver que ainda são as mulheres que fazem todo o trabalho de reprodução da vida. Dos mais de 6 milhões de trabalhadores domésticos no país, 91,1% são mulheres. Segundo dados da Pesquisa Nacional por Amostra por Domicílio (Pnad) de dezembro de 2023, o país tem 6,08 milhões de empregados domésticos (são todos os que prestam serviços em residências como doméstica, jardineiro, motorista, mordomo) trabalhando. Destes, 5.539 milhões são mulheres (91,1%), e homens são apenas 540 mil (8,9%). Os dados da Pnad mostram ainda que a grande maioria são mulheres negras, com média de idade de 49 anos, e apenas 1/3 delas têm carteira assinada, recebendo em média um salário-mínimo.

Esses dados revelam o que a autora discute como fundo teórico: uma enorme desigualdade social, relações de poder que estruturam lugares precários para as mulheres e define papéis de gênero reveladores da necessidade de uma interpretação interseccional de gênero, raça e classe no Brasil.

Sem sombra de dúvidas que este texto é importante, pois discute a vida real das mulheres, é uma pesquisa sobre a vida real. As mulheres sempre trabalharam, desde a tenra maternidade até o cuidado, são muitas jornadas invisíveis e injustas de trabalho. Para nós todas, é importante compreender esses processos para conseguir transformá-los.

Por isso, Malala fala do poder da educação para as mulheres. Educação de meninas e mulheres que traga poder de decisão e escolha e que ao mesmo tempo transforme as relações de poder. O trabalho da Karina é potente, porque anuncia a importância de criarmos novas ou outras relações de poder.

Como afirma Rita Segato, no pacto da masculinidade é necessário desmasculinizar o poder para que as mulheres possam se erguer em busca de democracia forte. Rita Segato descreve as vulnerabilidades de gênero no âmbito de seis pacotes de poder intitulados — moral, intelectual, político, sexual, bélico e econômico — e afirma que se precisa conhecer, estudar "estes pacotes" e as estruturas de poder que envolvem os mesmos é fundamental para alterá-las, e isso se fará com mulheres e homens comprometidos com uma sociedade com justiça social.

A desmasculinização do poder deve ser algo que as feministas precisam encarar com seriedade na quebra do pacto da masculinidade. Para Segato e tantas outras, o pacto se mantém vivo porque a estratégica está forte e atualíssima. Basta ver os aumentos de casos de violência contra mulheres, contraditoriamente, num país que nos últimos dois anos passou a ter um forte combate a crimes contra mulheres.

Karina discute a importância do reconhecimento de gênero para além do binarismo e cita muitas autoras importantes, o que demostra que a autora estudou muito a concepção e participou ativamente no debate de alto nível e reflexões aprofundadas. Precisamos dar passos mais largos, intelectualmente, o que desestabiliza a norma e propõe uma maneira inclusiva e social de gênero.

Por fim, é importante reforçar que esta pesquisa traz também para a educação uma importante contribuição na formação inicial — a licenciatura — e esta e outras questões são fundamentais para se discutir em sala de aula. Recentemente aprovou-se a Lei nº 14.986, de 25 de setembro de 2024, a qual altera a Lei nº 9.394, de 20 de dezembro de 1996 (Lei de Diretrizes e Bases da Educação Nacional), para incluir a obrigatoriedade de abordagens fundamentadas nas experiências e nas perspectivas femininas nos conteúdos curriculares do ensino fundamental e médio; e institui a Semana de Valorização de Mulheres que Fizeram História nas escolas do país. Essa aprovação é resultado de trabalhos como este e de lutas históricas das muitas mulheres por valorização, educação, reconhecimento e poder.

Vida a obra.

Com afeto, @aspensadorasoficial

Rita de Cássia Fraga Machado

Universidade do Estado do Amazonas (PPGED/UEA/Educanorte/UEA)

SUMÁRIO

INTRODUÇÃO

As Ciências Sociais buscam questionar e refletir sobre as desigualdades e os transtornos da sociedade, para buscar o como, o quando e o onde eles se fizeram estruturar e se naturalizaram dentro da sociedade brasileira. Assim, a proposta de estudar as relações entre o poder conferido a cada gênero dentro das instituições e da sociedade se faz valer.

A estrutura do exercício do poder está relacionada aos gêneros (homens, mulheres, grupos LGBTQIAPN+), o poder político, ideológico e econômico se atrela ao gênero masculino, sendo ele detentor das organizações e decisões. No Brasil, essa estrutura se constitui há muitos anos e se perpetua até os dias de hoje.

Buscando na Psicanálise de Freud, passando pelo início dos estudos da Sociologia com Comte e Durkheim, e continuando até os dias de hoje, não encontramos os nomes de mulheres nessas estruturas. Pois à mulher é conferido um poder paralelo, se assim posso dizer, que é o da maternidade. Como Federici (2018) observa no livro *O Ponto Zero da Revolução: trabalho doméstico, reprodução e luta feminista* que a exploração das mulheres e do trabalho doméstico se dá em razão da ação de um Estado que acumula capital por meio da associação dessa atividade à natureza feminina. Ou seja, o poder de gerar filhos e o poder doméstico são compreendidos como intrínsecos à natureza da mulher.

Em contrapartida, por ter esse poder familiar, ela abre mão de poder ganhar o mesmo salário, ter as mesmas oportunidades de estudo e trabalho, exercer cargos de liderança ou cargos políticos, pois o cuidado com seu próprio corpo para gerar, nutrir e cuidar do bebê é colocado como prioridade pela sociedade, tirando de suas obrigações qualquer outra responsabilidade. À medida que o bebê cresce, passa a ser sua prioridade a educação informal da criança, e é a mãe (gênero feminino) que deve acompanhar os passos dos filhos por toda a vida. Como Beauvoir (2016, p. 326) bem apregoa dizendo que "[...] afirmar que o filho é o fim supremo da mulher tem exatamente o valor de um slogan publicitário". Ou seja, uma propaganda, uma forma de comercializar esse papel para que ele se concretize dentro da necessidade do outro em lucrar com esse serviço.

O poder da maternidade é tudo o que a mulher pode ter, é o que o homem (gênero masculino) lhe permite ter. Não é dado a ela o poder da escolha, sobre qual poder ela gostaria de ter. As mulheres (gênero feminino) que não se tornam mães são consideradas menos capazes ou de alguma forma "deram errado", não são boas o suficiente. Sempre tendo o ponto de vista dos homens no poder como fonte de referência para essas escolhas, encontra-se em Beauvoir (1970, p. 183) a afirmação de que "[...] a representação do mundo é operação dos homens; eles o descrevem do ponto de vista que lhes é peculiar e que confundem com a verdade absoluta".

Quando incluímos os demais gêneros do grupo LGBTQIAPN+, não é conferido poder nenhum a eles, com participações ainda menores no poder, porque eles contrariam a formação sistemática de como gêneros sociais e poder se relacionam. Como Butler (2019) traz em suas reflexões, esses grupos, ao não desempenharem seus papéis sociais, ficam destituídos de garantias fundamentais, bloqueados do processo de pertencimento à comunidade política, carentes de direitos e expulsos, portanto, da esfera pública, o que impede suas participações políticas.

Por isso, Butler busca pensar no exercício performativo para atingir as vias públicas e de resistência para esses grupos marginalizados e privados de liberdade.

Dentro dessa constatação, que o poder está relacionado diretamente à legitimação do seu gênero em seu papel social, como mulher, eu buscava encontrar uma sociedade menos presa a papéis sociais estruturais e mais livre com relação a esses papéis para que o poder fosse distribuído de modo mais horizontal.

Pois a maior inquietação que tive nos últimos anos foi descobrir que eu jamais seria colocada onde queria estar e me esforcei para estar, e provei que merecia estar, simplesmente pelo fato de ser mulher.

Por isso tudo, responder à questão de porquê e como essa estrutura confere poderes diferentes a cada gênero em seus papéis sociais, e ela se firma em nossa sociedade conferindo espaços predeterminados, sendo excluídos todos os que são contrários a ela, é o que me impulsionou, além de buscar alguma forma de dirimir as desigualdades e os transtornos causados por isso.

Então, quero iniciar com a seguinte questão que permeia as Ciências Sociais: "Como os gêneros e seus papéis sociais se relacionam com o poder a eles conferidos?".

Encontramos os seguintes dados que corroboram essa relação.

De acordo com o Instituto Update, que realizou uma pesquisa sobre Representatividade com dados baseados nas eleições de 2016 e 2020, vemos que para cargos executivos temos 87% do gênero masculino concorrendo com 13% do gênero feminino. Sobre os representantes de outros gêneros (grupos LGBTQIAPN+), a pesquisa mostrou como seria o apoio a cotas para esse grupo que possui hoje menos de 5% de cargos eletivos no país.

É explícito que o grupo majoritário e de poder é do gênero masculino e branco. Lembrando que segundo o IBGE a população brasileira é composta por 51,12% de mulheres contra 48,88% de homens em 2021. Mas a predominância no poder não condiz com esse fato, em termos de representatividade, o domínio do gênero masculino afeta, e muito, as decisões e organizações sociais que tratam o gênero feminino como sem necessidade de deter o poder de decidir e de ser livre em suas escolhas.

Ou seja, o gênero masculino detém, historicamente, o poder social que lhe confere a decisão da vida em sociedade por meio dos bens materiais, que ele garante no trabalho, na participação política e administrativa e na governança moral e religiosa. Por isso, busquei trazer essa reflexão de como podemos ser mais justos e inclusivos com todos os gêneros. Como mostra Mary Wollstonecraft (1792, p. 9) em *Reivindicações dos Direitos da Mulher*:

> [...] ver metade da raça humana ser excluída pela outra metade de toda participação no governo era um fenômeno político impossível de explicar de acordo com princípios abstratos. Se os direitos abstratos do homem suportam a discussão e a explicação, os da mulher, por uma paridade de raciocínio, não serão submetidos à mesma análise, embora uma opinião diferente prevaleça neste país, construída sobre os mesmos argumentos que o senhor[1] utiliza para justificar a opressão da mulher – a prescrição.

Ainda vivemos na Inglaterra de 1792?

Ou seja, percebi rapidamente que a reflexão e os questionamentos sobre gêneros e os poderes, previstos na sociedade, já são tratados há muito tempo, mas será que já existem mudanças estruturais perceptíveis?

[1] O "senhor", a quem ela se refere no trecho é o antigo bispo de Autun, Talleyrand-Périgord, com quem ela dialoga por meio de carta no livro.

1

SOBRE PODER E GÊNEROS

1.1 AS FORMAS DE EXERCÍCIO DO PODER

A palavra poder tem este significado segundo o *Dicionário Online de Português* (Dicio, 2020): "[...] *ter a faculdade ou a possibilidade de,* ainda, *possuir força física ou moral; ter influência, valimento*". Bobbio (1999, p. 933 *apud* Brígido, 2013, p. 58) definiu o poder como "[...] a capacidade ou possibilidade de agir ou de produzir efeitos e pode ser referida a indivíduos ou a grupos humanos".

Os indivíduos e seus grupos que perpetuam esse poder querem mantê-lo assim e submetem os demais a ele, não lhes dando oportunidade de participar desse poder. Michel Foucault explica isso de modo que podemos ver o poder dominador sobre o dominado, ou o gênero masculino dominador sobre o gênero feminino e LGBTQIAPN+ dominados.

Foucault (1979, p. 119) explica:

> O corpo humano entra numa maquinaria de poder que o esquadrinha, o desarticula e o recompõe. Uma "anatomia política", que é também igualmente uma "mecânica do poder", está nascendo; ela define como se pode ter domínio sobre o corpo dos outros, não simplesmente para que façam o que se quer, mas para que operem como se quer, com as técnicas, segundo a rapidez e a eficácia que se determina. A disciplina fabrica assim corpos submissos e exercitados, corpos "dóceis".

Na esfera social, são demasiados os exemplos ou formas de exercício do poder, todavia podemos destacar as que estão no pódio social, que são as formas de poder predominantes. São elas: o poder econômico, o ideológico e o político. O primeiro se baseia na posse de bens materiais, como meios de produção, o poder do patrão sobre seus empregados. O patrão exerce uma ordem (poder) que caso não seja cumprida ou realizada pelo empregado, este se arrisca a perder seu emprego, por isso o proletário é submetido ao patrão que, por sua vez, submete suas leis e vontades sobre os empregados, sendo essa relação mais forte e injusta no sistema capitalista que justifica os meios (exploração) pelo fim (lucro).

O segundo exemplo, o poder ideológico, serve-se das ideias ou simplesmente de informações para influenciar, de maneira direta ou indireta, a conduta e os princípios dos indivíduos, ou influenciar seus comportamentos sobre algo determinado, um exemplo comum é o papel hegemônico de determinados meios de comunicação sobre as pessoas, o poder da mídia sobre o comportamento humano é gigantesco, haja vista as redes sociais. Sem esquecer que as duas instituições maiores do poder ideológico são as escolas e as instituições religiosas, entranhadas na educação desde nosso nascimento, suas influências estão sempre nos fazendo buscar o certo e o errado em nosso comportamento e no comportamento do(s) outro(s). Para Ana Paula de Miranda, Letícia Moreira Casotti e Leandro P. Chevitarese (2019, p. 150):

> [...] a construção de um padrão de "normalidade" sexual constitui-se como um investimento em gerenciar ações, movimentos, gestos, olhares, palavras, silêncios – o que certamente inclui também a determinação de padrão de vestimenta para o corpo tomado como "normal".

Por último, trazemos Bobbio (1995, p. 83), para exemplificar o poder político. Ele diz que "[...] é o sumo poder, isto é, o poder cuja posse distingue em toda sociedade o grupo dominante". De fato, o poder coativo é aquele de que todo grupo social necessita para defender-se de ataques externos ou para impedir a própria desagregação interna.

Sem necessitar de armas, violências físicas, coações materiais. Apenas um olhar. Um olhar que vigia e que cada um, sentindo-o pesar sobre si, acabará por interiorizá-lo, a ponto de observar a si mesmo. "Fórmula maravilhosa: um poder contínuo e de custo, afinal de contas, irrisório" (Foucault, 1979, p. 218).

Podemos entender que essa relação de poder que se entranha na sociedade de formas variadas, com dominadores e dominados, faz parte da história do Brasil colônia. A colonização em boa parte do mundo trouxe ou forçou os povos originários, sejam eles da hoje conhecida como América, ou do hoje conhecido como continente africano, à colonialidade do poder, como denomina Aníbal Quijano (2005, p. 106-107), que entende o poder como "[...] a estrutura entre as relações de dominação, exploração e conflito disputando o controle de quatro âmbitos básicos da vida humana, sexo, trabalho, autoridade coletiva, subjetividade e intersubjetividade, seus produtos e seus recursos". O poder capitalista, eurocêntrico e global está organizado, precisamente, sobre dois eixos: a colonialidade do poder e a modernidade.

Trazendo também Gloria Anzaldúa, que destacava o dispositivo hierárquico de poder, "[...] essa colonialidade opera em três níveis: o poder econômico (político), o saber epistêmico, e produz o controle da sexualidade pela designação de rótulos para os gêneros" (Martins; Benzaquen, 2017, p. 19).

Esses conceitos foram cunhados por Aníbal Quijano (2005), Mignolo (2003) e demais teóricos como "Modernidade/Colonialidade", e posteriormente foi chamado de colonialidade do poder, do saber e do ser.

Então temos o poder internalizado em nossos corpos vigiados, pelo outro e por nós mesmos, sabendo que o desempenho do papel social do gênero na forma que nossos corpos se comportam e atuam na sociedade é o que nos trará poderes, micropoderes, subpoderes sem necessitar de qualquer outra intervenção.

1.2 OS GÊNEROS EM SUA CONCEPÇÃO DE PAPEL SOCIAL

Historicamente, o uso de gêneros está na sociedade para designar macho e fêmea. Argumenta Soares Barbosa (1881, p. 85) que:

> [...] como todos os animais naturalmente se distinguem em duas classes ou gêneros, segundo os dois sexos de *macho* e de *fêmea*", teriam os gramáticos relacionado os nomes dos primeiros na classe ou *gênero masculino* e os do segundo, no *feminino*. Tal deveria ser a correlação: macho – gênero *masculino*, fêmea – gênero *feminino* sem sexo- gênero *neutro*.

Freud atribuiu as diferenças anatômicas ao sexo/gênero e afirmou que por meio delas podemos considerar o homem e a mulher.

Freud (1924) chega à conclusão de que a mulher tem inveja do pênis, pois a falta dele é vista como uma castração, ou falta de um órgão que lhe traria prazer. Essa conclusão da falta que a mulher sente traz, de maneira implícita, que à mulher falta o poder, isso é uma incapacidade, uma impossibilidade de sentir o que o homem sente, não permite a ela ter prazer e/ou ter desejos.

Nessa concepção que se inicia de maneira biológica e anatômica são definidos comportamentos possíveis e permitidos para cada gênero. Ao homem, cheio de poder devido à presença do pênis, se dá a liberdade de ir e vir, de usar a força física, de sentir desejo por tudo que lhe atraia e de buscar o que quer.

À mulher se faz concessões e se dá permissões dentro de sua incapacidade, sem o pênis ela pouco pode fazer, então não pode ir e vir, deve ficar em casa e ser protegida, lhe falta força física, não deve sentir desejo, somente ser objeto de desejo, não consegue o que quer, então deve conformar-se com o que tem, com ser escolhida e não escolher.

Mas essa natureza, tão fortemente identificada por alguns, é altamente combatida por mulheres. Mais uma vez trago Wollstonecraft (1792, p. 10) como uma das primeiras a se fazer ouvir em suas inquietações e revoltas quanto ao papel que cabe à mulher, e sua exclusão na participação pública e das decisões governamentais; ela diz que:

> [...] se as mulheres devem ser excluídas, sem ter voz, sem participação nos direitos naturais da humanidade, prove primeiro, para afastar a acusação de injustiça e de incoerência, que elas são desprovidas de razão, ou senão sua constituição sempre provará que o homem age como um tirano.

Simone de Beauvoir combate também essa identificação e definição de homem e mulher a partir de suas funções reprodutivas que estabeleceu papéis sociais distintos e opostos, pois tendem a limitar a participação social da mulher, disse ela, "[...] afinal, a maternidade é o destino fisiológico e a vocação natural da mulher" (2016, p. 279). Essas são suas reflexões, nesse papel de cuidar atribuído à mulher.

Assim, as alusões de que a mulher é biologicamente inferior ao homem vão se fortalecendo para provar de fato o que se quer fazer com cada componente desse sistema estruturado com regras que levem todos a crer nesse conceito frágil, porém bem argumentado por Freud, Lacan, Rousseau e outros. Ou seja, desde que esses conceitos vêm sendo apregoados para determinar papéis sociais que induzem a comportamentos, e que se justificam por pesquisas científicas tanto de cunho biológico, mental e econômico com a intenção de favorecer o sistema capitalista que se iniciava.

Assim, o termo gênero se torna, antes, uma maneira de indicar construções culturais – a criação inteiramente social de ideias sobre papéis adequados aos homens e às mulheres. Para Scott (1990, p. 2), "[...] gênero é um elemento constitutivo das relações sociais fundadas sobre as diferenças percebidas entre os sexos e também um modo primordial de dar significado às relações de poder".

Então, os gêneros LGBTQIAPN+ ainda não encontram seus papéis sociais aceitos e predefinidos socialmente, a não ser que se encaixem nos papéis que são apresentados. Colocando a questão do gênero de maneira ampla e explicativa, Butler (2015, p. 20) traz:

> [...] o gênero nem sempre se constitui de maneira coerente ou consistente nos diferentes contextos históricos, e porque o gênero estabelece interseções com modalidades raciais, classistas, étnicas, sexuais e regionais de identidades discursivamente constituídas. Resulta que se tornou impossível separar a noção de "gênero" das interseções políticas e culturais em que invariavelmente ela é produzida e mantida.

Ou seja, refutar os gêneros como são e estão inseridos hoje é quase impossível, são noções, definições, conceitos tão enraizados e presos às nossas condições socioculturais que eles se perpetuam. Butler (2018), busca em Beauvoir mais elementos que constituem os gêneros por seus papéis sociais e não por sua biologia ou anatomia, trazendo a formulação de Simone de Beauvoir que distingue sexo de gênero e sugere que o gênero é um aspecto da identidade gradualmente adquirido. Assim, não há uma natureza feminina ou uma natureza masculina que sejam imutáveis, sendo os papéis sexuais construídos culturalmente.

Precisamos nos ater à discussão de gêneros amplificada e de pensamento aberto e abrangente, buscar novas definições e orientações para incluir a todos. Como propôs Butler (2018, p. 19), no interior desta estrutura constituída, elaborar uma "[...] crítica às categorias de identidade que as estruturas jurídicas contemporâneas engendram, naturalizam e imobilizam". O que requer de nós, como sociedade, uma ação conjunta de questionamentos e buscas por um novo caminho.

Atualmente, frente às pesquisas de María Lugones, Oyèrónkẹ Oyěwùmí, Grada Kilomba, Glória Anzaldúa, entre outras, que trazem os estudos das culturas originárias pré-coloniais como formas de contrapor o sistema binário, ou dimórfico, de homem e mulher, macho e fêmea, e pela própria participação da mulher nos meios sociais, políticos, acadêmicos, mesmo que pequena e ainda enfrentando grande oposição, mais argumentos são colocados provando, primeiramente, que essas construções são sociais e de cunho político, deixando a biologia, anatomia e as diferenças estruturais dos corpos humanos em outro plano que em nada interfere em seus papéis sociais.

1.3 A LEGITIMAÇÃO DO GÊNERO E DO PODER SOCIAL

Continuando a pesquisa nos deparamos com a legitimação do gênero por meio do papel social. Legitimar é tornar legítimo, verdadeiro, real algo ou alguém. No caso dos gêneros, é definir o que é verdadeiro para o homem, a mulher, o grupo LGBTQIAPN+ em seu modo de apresentar-se, comportar-se e relacionar-se socialmente.

No Brasil, a legitimação de gênero pelo papel social é direcionada pelo colonialismo patriarcal, como já foi dito, e insere os gêneros masculino e feminino em papéis bem definidos na construção cultural. Quando vemos o que disse Mary Wollstonecraft em *Reivindicações do Direito da Mulher* (1792, p. 57), apesar de distante do nosso tempo atual, não é difícil de nos reconhecermos nesta fala:

> Para preservar a beleza pessoal – a glória das mulheres! – os membros e as competências são reprimidos com faixas piores do que as faixas chinesas, e a vida sedentária que estão condenadas a viver, enquanto os meninos brincam ao ar livre, ela enfraquece os músculos e relaxa os nervos.

Assumir que pelo seu gênero já estamos predestinados a ocupar determinado espaço de poder é algo que está perpetuado e assimilado pela sociedade capitalista e patriarcal brasileira. Mesmo assim, para legitimar e receber esse poder que nos é conferido ao nascer e de acordo com o que se escreve em nossa certidão de nascimento ou na pulseira da maternidade, passa por atender às expectativas sociais.

Com relação ao gênero masculino, temos que esse poder se autodeclara nas oportunidades a ele oferecidas, como: a educação formal em diversos graus, o emprego ou o trabalho que garanta o sustento da família, os prazeres que podem ser satisfeitos após o cumprimento das obrigações (festas, bares, esportes, televisão, sexo), a segurança e o apoio familiar e social. Lembrando que o poder também é ter permissão, possibilidade, capacidade e habilidade para fazer o que lhe interessa ou aquilo que ele desejar.

Sobre isso, Wollstonecraft (1792, p. 29) diz:

> [...] para explicar e desculpar a tirania do homem, muitos argumentos engenhosos foram apresentados para provar que os dois sexos, na aquisição da virtude, deveriam ter como objetivo atingir um caráter muito diferente: ou, para falar explicitamente, às mulheres não é permitido ter força mental suficiente para adquirir o que realmente merece o nome de virtude.

Ou seja, como já dito anteriormente, por meio de estudos biológicos, mentais e anatômicos, denominaram as características masculinas como virtuosas para a aquisição do poder que tiraniza, na sua função de opressor daqueles que não detêm as mesmas características; aqui, acrescento que não apenas as mulheres são destituídas da força mental, como também toda a comunidade LGBTQIAPN+ e as raças inferiorizadas, ou as raças não brancas.

Assim, para a mulher legitimar seu poder, ela será a geradora e cuidadora da prole, após ter sido desejada por um homem. Ou seja, cumpridora do papel social que lhe cabe, ora por imposição anatômica de poder gerar filhos, ora pela cultura arraigada em anos de domínio pelo poder do homem.

Como afirma Lopes (2010, p. 98):

> Assim, a mulher veio cumprir seu papel de companheira, de alento para os dias difíceis do homem; já nasceu dependente dele, veio da sua costela não como sujeito individual que pudesse ter ideias próprias, decidir, ser autônoma, mas com a doçura e a candura de quem está pronta para servir ao seu senhor.

Diz Saffioti (1987, p. 19, grifo do original), sobre o dever e desejo que legitima o poder, que "[...] o *dever conjugal* entende-se a obrigação da mulher prestar serviços sexuais ao companheiro quando por ele solicitada". Percebe-se, com muita facilidade, a posição de objeto do desejo (poder) masculino ocupada pela mulher.

E também Benhabib (1987, p. 97) afirma que "[...] as mulheres permanecem em um ciclo interminável de repetições no reino atemporal da casa" (mesmo que saia dela e tenha um emprego), ciclo de nascimento, crescimento, desenvolvimento, envelhecimento e morte.

A mulher legitimada deve cumprir seu primeiro papel, que é ser mãe. E mesmo tendo cumprido essa exigência e tenha conquistado os papéis sociais masculinos do trabalhar e sustentar-se, de ter vida sexual livre, o poder político-social igual ao do homem ainda não existe. Pois um papel deslegitima o outro e impede a conferência desse poder.

Cabnal (2010, p. 14) afirma:

> [...] a existência do patriarcado ancestral milenar e originário que foi gestado e justificado pelos princípios e pela cosmogonia de diferentes povos originários da América Latina e a partir do qual a atuação feminina nos espaços de tomada de decisão, incluindo o espaço político e bélico, foi usurpada.

Paredes (2008) é responsável pelo conceito de "entronque patriarcal", teoria que afirma que o patriarcado ancestral nas sociedades latino-americanas originárias foi reforçado pelo patriarcado ocidental.

O que mais acrescentarei é sobre a legitimação da comunidade LGBTQIAPN+. Como fazer para desempenhar esses papéis sociais já fixos e obrigatórios na sociedade, quando se está fora dos padrões exigidos? Há espaço para eles ocuparem e exercerem algum poder? Pois, já disse Butler (2018, p. 38), "[...] só os homens são 'pessoas' e não existe outro gênero senão o feminino".

Entende-se socialmente que só existam esses dois papéis, o homem deve desempenhar seu papel de direito e isso lhe dará seu poder de direito. Com a mulher se dá o mesmo. Com a comunidade LGBTQIAPN+ não há parâmetros, ou melhor, eles devem se enquadrar em alguns desses dois quadros. Por isso, sua participação político-social na vida pública é ainda mais restrita.

Entre os estudos de gêneros que se afastam da binaridade ou do dimorfismo, trago María Lugones (2003, p. 71), que afirma:

> [...] as designações revelam que o que se entende por sexo biológico é socialmente construído. Do final do século XIX até a Primeira Guerra Mundial, a função reprodutiva era considerada característica essencial de uma mulher. A presença ou não de ovários era o critério mais definidor do sexo. Porém, existe um grande número de fatores que intervêm "na definição do sexo 'oficial' de uma pessoa": cromossomos, gônadas, morfologia externa, morfologia interna, padrões hormonais, fenótipo, sexo designado, e aquele que a própria pessoa designa a si mesma. Atualmente, os cromossomos e as genitálias são parte dessa designação, mas de tal maneira que conseguimos ver como a biologia é uma interpretação e é, por ela mesma, cirurgicamente construída.

Essa construção de sexo, como diz Lugones, mas aqui definido como gênero, é, e sempre foi, arbitrária no sentido de ter feito esses fatores maiores do que a própria condição que a pessoa fez e sente de si mesma, e muitas vezes até maior que suas ações. Trazendo os termos "oficiais" para a legislação, facilmente é possível restringir, oprimir e suprimir direitos pelo simples fato de que esse ou aquele poder, tanto no que tange à possibilidade quanto à habilidade, ou permissão, não cabe ao gênero feminino ou a um gênero "inexistente", como ainda muitos se referem à comunidade LGBTQIAPN+. Voltamos à tirania do poder explicitada por Wollstonecraft.

Continuando a questionar o sistema binário de gênero, Oyèrónkẹ Oyěwùmí, em *The Invention of Women* [*A Invenção das*

Mulheres], se pergunta se patriarcado é uma categoria transcultural válida. Diga-se patriarcado o sistema que impõe ao homem, gênero masculino, o poder de decisões para conduzir determinada sociedade. Ela ainda acrescenta que o gênero não era um princípio organizador na sociedade iorubá antes da colonização ocidental, e que colocar o gênero como um denominador dessa sociedade é um caso de dominação ocidental sobre a documentação e interpretação do mundo; uma dominação que é facilitada pela dominação material que o Ocidente exerce sobre o globo. Compreendendo essa conceituação, María Lugones em *Colonialidade e gênero* (2020, p. 65) aponta: "[...] traduzir as categorias iorubás obìnrin e okunrin como 'fêmea/mulher' e 'macho/homem', respectivamente, é um erro. Essas categorias não se opõem de forma binária nem se relacionam na forma de uma hierarquia".

Mais uma vez vamos observando como o sistema imposto marca homens como superiores, mulheres e demais como inferiores, sabendo que ao legitimar sua superioridade, o gênero masculino detém o poder de decisão sobre a sociedade, e é apenas uma forma de usar as pessoas como ferramentas para impor o capitalismo em todos os países que foram colonizados, assim como já faziam em seu próprio país. Isso corrobora com o que Quijano (2000, p. 343) descreve como "[...] o eurocentrismo que naturaliza a experiência das pessoas dentro do padrão de poder".

Finalizo com Oyěwùmí, (2021, p. 371), dizendo que:

> [...] na Iorubalândia, a transformação de obìnrin em mulheres e depois em "mulheres sem importância" estava na essência do impacto colonial como um processo generificado. A colonização, além de ser um processo racista, também foi um processo pelo qual a hegemonia masculina foi instituída e legitimada nas sociedades africanas. Sua manifestação definitiva foi o Estado patriarcal.

1.4 O PODER CONFERIDO AO GÊNERO MASCULINO

Em *O Poder do Macho*, Heleieth Safiotii (1987, p. 47) resume o poder do gênero dominador e do dominado, dizendo:

> Calcula-se que o homem haja estabelecido seu domínio sobre a mulher há cerca de seis milênios. São múltiplos os planos da existência cotidiana em que se observa esta dominação. Um nível extremamente significativo deste fenômeno diz respeito ao poder político. Em termos muito simples, isto quer dizer que os homens tomam as grandes decisões que afetam a vida de um povo.

Sendo assim, Freud (1923/1976b) também determina que esse domínio existe, pois ele acredita que o trabalho cultural (o que provê sustento) é sempre mais transformado em dever dos homens, ele lhes atribui tarefas sempre mais difíceis, obrigando-os a efetuar sublimações pulsionais (desejos), para o qual reitera que as mulheres são menos aptas. Novamente, o homem possui desejos e deve ceder a eles, e a mulher não os tem. Também podemos notar que essa constituição de papel social masculino ainda é vista e aceita na sociedade de hoje.

Para explicitar esse poder político-social atribuído ao gênero masculino legitimado, vejamos essas manchetes: "O relatório global sobre a lacuna de gênero do Fórum Econômico Mundial revela outro dado importante: em um ranking de 150 países, o Brasil é o 130º colocado quando se trata de igualdade salarial entre homens e mulheres que exercem a mesma função" (Brasil..., 2019).

Dados do IBGE, em 2018: "Mulher estuda mais, trabalha mais e ganha menos do que o homem". E em 2019 temos duas, a primeira é: "Mulheres dedicam quase o dobro do tempo dos homens em tarefas domésticas", e a segunda: "Homens em coabitação nas condições de responsáveis ou cônjuges realizam menos afazeres do que as mulheres nessas mesmas condições".

Compreende-se por esses exemplos como se estruturou os espaços de poder na sociedade brasileira e as consequências dessa estrutura, o motivo para o homem ganhar mais na mesma função, ou tendo menos escolaridade e trabalhando menos, e o fato dele realizar menos tarefas domésticas, mesmo que em condições iguais de responsabilidade, deve-se ao poder conferido a cada gênero que cumpre seu papel social. Que legitima sua posição e garante o poder, a permissão, a possibilidade, a capacidade e a habilidade de ser assim.

Encontramos em Weber (1999, p. 33) uma explicação para esse poder do dominador e aceitação do dominado. Weber diz que "[...] poder significa simplesmente a probabilidade de impor sua vontade dentro de uma relação social, mesmo contra toda resistência e qualquer que seja o fundamento dessa probabilidade". Ou seja, se é possível, é factível.

Ainda podemos compreender por meio desses estudos que automaticamente alinham o poder do gênero masculino, muitas vezes chamado de patriarcado, o poder do dinheiro, que é o que sustenta o homem na sociedade e que é oferecido e distribuído ao gênero masculino em maior proporção e quantidade, chamado também de capitalismo, e o poder de um país sobre o outro. Nesse caso, um país é tido como superior e outro inferior, o colonizador e o colonizado, chamado também de eurocentrismo, forma uma tríade poderosa em todos esses aspectos e que se retroalimenta. O homem europeu durante os últimos 500 anos, ou um pouco mais, estruturou a sociedade que se apresenta hoje, não só na Europa, mas em todas as regiões do mundo por onde impôs sua presença de colonizador.

Assim, estudar papéis sociais, gênero e poder é confrontar-se com essa presença, e confrontar a si mesmo e à nossa sociedade como uma sombra dessa presença que não nos deixa atuar sobre ela.

1.4.1 Considerações sobre consequências do papel social do homem

Vamos também considerar outro viés da questão. O que acontece quando os homens não conseguem desempenhar o seu papel social como se espera?

Ocorre muitas vezes que o provedor do lar, devido ao desemprego, não consiga assumir essa posição. Mesmo não perdendo o poder político-social, pois ele continua tendo permissão, possibilidade, capacidade e habilidade de tomar decisões sobre sua vida e sobre a vida dos outros gêneros, são observados comportamentos como: uso abusivo de álcool e de drogas lícitas e ilícitas, abandono da família, dificuldades de relacionamento. Ocorre o mesmo se tem problemas de virilidade, ou mesmo quando não se provam mais fortes fisicamente.

O estudo feito por Elsa Berquó e Estela Maria Cunha (2000, p. 180): *Morbimortalidade feminina no Brasil (1979-1995)*, traz a seguinte explicação:

> [...] o homem é mais vulnerável a doenças mentais dado o contexto socioeconômico e das relações de gênero existentes. Sua frustração pela baixa qualidade de vida leva-o à bebida, como forma de fuga, o que potencializa os transtornos mentais, ao passo que a mulher se apega às relações afetivas, o que lhe traz efeito protetor.

Existem muitos homens nas ruas, nos bares, nos prostíbulos, buscando livrar-se do efeito de não ser um homem à altura dos padrões que ele mesmo se impõe. E existem também muitos casos de homens que esperam e/ou exigem o cuidado da mulher para saírem dessa situação desagradável. Caso não consigam, apelam para a agressão, trazendo a violência para dentro de suas casas. Entre as demandas comuns à essas mulheres, destacam-se as ações relacionadas ao combate à violência, sendo ações educativas sobre a Lei Maria da Penha e como acessá-la e ações de prevenção e combate ao uso de álcool e drogas, que são compreendidas por elas como elementos potencializadores da violência doméstica (Nascimento Silva *et al.*, 2018).

Ainda, Berquó e Cunha (2000, p. 181) trazem para a relação social de gênero o "adoecer masculino", que é vinculado ao papel social feminino de cuidar, dizendo que "[...] ao se encontrar em condições menos favorecidas o homem é levado ao hospital pela mulher que cuida dele, ou mãe, irmã, filha". Ou seja, ele não perde o poder de escolher manter-se como capaz de desejar ter uma mulher ao seu lado. O que é demonstrado por uma máxima cultural do país que diz: "*mulher certa conserta o homem errado*". Novamente, a responsabilidade recai sobre a mulher que cumpre seu papel ao deixá-lo cumprir o direito de ser e fazer o que quiser.

Como pude observar ao entender que mesmo quebrando algumas regras os homens estão exercendo o seu poder de direito.

Em *Saia de homem como discurso de poder*, Ana Paula de Miranda, Letícia Moreira Casotti e Leandro P. Chevitarese (2019, p. 152) apontam:

> [...] as regras sociais que definem comportamentos apropriados também localizam pessoas que, não vivendo de acordo com essas regras, são caracterizadas como desviantes, marginais ou divergentes. A transgressão pode estar associada ao não cumprimento de leis que usam o poder de polícia do Estado para se impor ou a outros comportamentos informais e estabelecidos pela cultura e pela tradição. Homens que usam saia se desviaram das regras de grupo ou das regras culturais de gênero e sofrem processos de julgamento na visão de senso comum, ao mesmo tempo que no sistema da moda são vistos como inovadores, aqueles que dão início a um novo comportamento.

1.5 O PODER CONFERIDO AO GÊNERO FEMININO

Em *O Segundo Sexo*, a filósofa Simone de Beauvoir (1980) vem constatar a história da mulher até aquele momento, em seu recorte europeu e de classe burguesa, mas que se aplica a outros recortes históricos e a outras partes do mundo. A autora diz que "[...] toda a história das mulheres foi feita pelos homens, afinal são os homens que escrevem, contam e publicam a história" (Beauvoir, 1980, p. 167). Ela traz também o seguinte, que eles é que sempre tiveram a sorte da mulher nas mãos; e não decidiram em função do interesse feminino, "[...] eles é que sempre tiveram a sorte da mulher nas mãos; dela não decidiram em função do interesse feminino; para seus próprios projetos, seus temores, suas necessidades foi que atentaram".

O conflito entre a família e o Estado definiu o estatuto da mulher. O estatuto da mulher é esse papel em que ela foi colocada e se coloca, de pertencimento do outro, de sujeição ao outro, de falta de poderes político-sociais para receber o mesmo tratamento do homem (Beauvoir, 1980).

As críticas de Beauvoir estão diretamente relacionadas às análises freudianas, que após 30 anos de estudos constantes na escuta de mulheres, chegou à seguinte conclusão do papel social da mulher: "As mulheres representariam os interesses da família e da vida sexual." (Freud, 1976a, p. 124). No entanto, esse interesse sexual é do outro sobre ela, não dela mesma. Freud diz sobre uma mulher trabalhar: "[...] administrar uma casa e educar os filhos requer da pessoa tempo integral, e praticamente elimina qualquer profissão", como aponta Hannah S. Decker (2000, p. 211).

Percebemos que isso ainda é visto dessa forma, quando a mulher vai procurar emprego e perguntam se ela tem filhos é porque está posto que os filhos atrapalham seu desempenho. E na família, se ela sair de casa para trabalhar, não cuidará apropriadamente dos filhos. Freud ainda conclui abruptamente: "[...] de fato, as mulheres nada ganham estudando, e isso em nada melhora sua condição de mulher", conforme cita Zafiropoulos (2009, p. 19). Pelas informações colhidas, por mais que as mulheres estudem, realmente não ganham nada com isso, não têm melhores posições ou salários, mesmo com mais escolaridade.

Acredita-se, dentro dos estudos feministas, que as mulheres são definidas por duas experiências distintas e tidas como universais. Assim explica Luiza Bairros (2021, p. 214):

> [...] a primeira coloca a maternidade como experiência central na identidade das mulheres, o que traz valores atribuídos à prática das mães -

> altruísmo, carinho, cuidado com o outro. A segunda versão toma a sexualidade entendida como forma de poder (habilidade) que transforma a mulher em objeto sexual do homem como experiência capaz de unificar as mulheres.

Nos dois casos não há uma prova concreta dessas experiências ditas como universais, pois como Luiza ainda mostra, há diferentes percepções dessas experiências e contradições em temas que se intercruzam a elas, como o aborto, os direitos reprodutivos, o estupro, o assédio sexual e até mesmo a pornografia e a violência que divide opiniões sobre o que é e o que não é a submissão da mulher à vontade do macho.

O poder feminino é: poder ou submissão?

Aqui poderemos ainda acrescentar que essa mulher discutida e esses poderes são conferidos às mulheres brancas, às não brancas e as mulheres da comunidade LGBTQIAPN+ precisam primeiramente provar pelo comportamento do que se entende por ser mulher, na performance de seu papel social, que são primeiro mulheres, para depois estarem dentro da categoria. Logo, prova-se que as experiências ditas "naturais", "universais", são apenas uma construção social, política e econômica dentro do interesse de organizar um sistema social que privilegia uns e desacredita outros.

1.5.1 A maternidade como forma de poder

O poder conferido à mulher, por sua anatomia e biologia, que consiste em poder, ter permissão, ser possível, ser capaz e ter a habilidade, é gerar filhos, daí, por meio de diversos caminhos religiosos, políticos, ideológicos e normativos se deu o papel social de mãe e cuidadora às mulheres. Del Priore (1993, p. 18) explica que "[...] a maternidade extrapola, portanto, dados simplesmente biológicos; ela possui um intenso conteúdo sociológico, antropológico e uma visível presença na mentalidade histórica. Repositório de práticas exclusivamente femininas".

Para Gebara (2017), a teologia tradicional tece elogios à maternidade e ao valor em obedecer ao plano divino. Supervaloriza a maternidade e submete a mulher ao modelo único no papel social, tendo Maria, humilde serva, como modelo perfeito, a serviço do plano divino. Para Freud (1932, p. 164), "[...] um casamento não se torna seguro enquanto a esposa não conseguir tornar seu marido também seu filho, e agir com relação a ele como mãe".

Relacionando os estudos e observando a realidade dos papéis sociais de gênero, conseguimos concluir que a maternidade não é algo inato à vida de todas as mulheres, mas sim um objeto de construção histórica, política e social. Como trouxe Mary Del Priore (2009, p. 61):

> [...] a maternidade irregular atuou como uma espécie de catalisadora da moralização e do controle do corpo feminino. A gravidez é colocada como objeto de troca muitas vezes, visualizando promessas de casamento que acabam sendo frustradas pelo abandono do noivo, sedução violenta ou estupros, o que contribui para regular o comportamento das mulheres. A maternidade e a construção da 'sagrada' família pelo casamento é o caminho oficial e sagrado que confere e legitima o poder da mulher.

Ainda salienta que o discurso da Igreja se utiliza dos "[...] contratempos causados individualmente às mulheres engravidadas e, por extensão, às suas famílias" para exaltar a importância do bem casar. Na maioria das vezes, os "[...] dissabores, a humilhação provocada pela partida do companheiro, as angústias da gestação, terminavam por constituir uma brecha através da qual a Igreja podia vender a ideia das vantagens do casamento".

Denize Freitas (2012, p. 115) conclui:

> [...] sendo assim, podemos compreender que o campo da maternidade nem sempre foi o berço de reduto da plenitude e realização feminina, quiçá de sua vontade. Mesmo diante do pressuposto de que

> o casamento tinha por finalidade a reprodução, e de que esse era o dever e a finalidade da "boa esposa", isso não significa que a concretização da concepção seja sinônimo de satisfação feminina. A ausência de controle e manifestação de autonomia sobre a escolha de quando, como e de quantos filhos desejava, pode ter contribuído para que muitos nascimentos legítimos tivessem como consequência mulheres decepcionadas ou lamentavelmente conformadas com a vida que se dispuseram a levar durante os enlaces do matrimônio.

Juridicamente, temos uma Constituição Federal (1988) que diz que homens e mulheres são iguais em direitos e obrigações; Artigo 5º, Item I. Mas a igualdade que é ofertada na mesma Constituição que tem como objetivos fundamentais uma sociedade mais justa, livre, igualitária, que quer reduzir desigualdades e promover o bem-estar de todos ainda está longe da nossa realidade.

Para as mulheres que legitimam seu papel social e são mães, a sociedade lhes confere aquilo que se nomeia poder, mas na verdade é a responsabilidade de criar, educar, guiar os passos, ensinar e sustentar a criança até a vida adulta. Diz poder porque ela tem a possibilidade e a permissão de decidir sobre os caminhos a serem percorridos por sua cria. Já a capacidade e a habilidade só serão conferidas a ela quando a cria se desenvolver e também legitimar seu papel social dentro do que se espera, aí então ela foi uma boa mãe, uma boa mulher, uma boa cidadã, uma boa pessoa.

Essa forma de pensar inicia-se no século XVIII, existindo uma ascensão social em função da mulher-mãe, ela passa a desempenhar integralmente o papel de educadora dos filhos, dos valores morais e sociais, tornando-se responsável pelo tipo de adulto que o filho um dia será (Badinter, 1980).

Assim também diz Wollstonecraft (1792, p. 38) "[...] ligadas ao homem como filhas, esposas e mães, seu caráter moral pode ser avaliado por sua maneira de cumprir esses deveres simples".

Entende-se que ser esposa, mãe e filha é uma tarefa simples, pois para ela opõe-se a superioridade virtuosa do homem que estudava, trabalhava e tinha um papel público social muito mais livre e respeitado.

Quando o filho-adulto se torna seguidor e cumpridor das regras e dos papéis sociais preestabelecidos é tido como legitimador do papel dela. Ou seja, a mulher nem consegue legitimar-se por si só, ela precisa do outro para ver-se legitimada em seu papel social.

Aqui no Brasil, o apelo à maternidade é tão forte que no período colonial as imposições da igreja sobre o papel social da mulher, que se vê como uma salvadora das almas perdidas, a criação da instituição da família nuclear, com o casamento heterossexual documentado na igreja, condiciona a mulher que as segue a ser considerada a "Santa mãezinha", como define Del Priore (1993, p. 18). Em contrapartida, aquelas que não as seguissem seriam as "putas". Ela ainda diz que: "[...] adestrar a mulher fazia parte do processo civilizatório, e, no Brasil, este adestramento fez-se a serviço do processo de colonização" (Del Priore, 1993, p. 27).

Todos esses processos vindos da Europa e chegando ao Brasil, e já dominando a organização social por meio das instituições religiosas e governamentais que sempre trabalham em conjunto, vão moldando os papéis sociais de gênero e trazendo sua valia de acordo com o cumprimento de seu perfil. Os caminhos predefinidos das mulheres são os de tornar-se mãe, cuidadora, organizadora da família, responsável por todos com uma sobrecarga de afazeres. Tudo isso pautado no discurso de que são características naturais da mulher.

Lembrando que, em muitos casos, se não na maioria deles, as mães são abandonadas por seus maridos ou parceiros, até mesmo antes de o filho nascer, e se sobrecarregam ainda mais na função de provedoras também.

Não é papel social da mulher trabalhar e sustentar a casa, de acordo com as regras "naturais" dos papéis sociais dos gêneros masculino e feminino, mas a realidade que vivenciamos é de que as mulheres sempre trabalharam e sustentam seus lares, mas a isso não se dá o devido valor, nem respeito, como é dado ao serviço feito por homens.

Nesta análise, cabe ainda suscitar mais uma questão que apoia o conceito da maternidade e do filho como produto usado pelo capitalismo, as barrigas de aluguel, termo cunhado popularmente para designar a reprodução assistida ou a tecnologia reprodutiva. Sabe-se que a prática de viabilizar a reprodução para alguém que tenha impedimentos é um fato, e se faz, na maioria das vezes, com ganhos lucrativos. O que afirma ser um produto de venda, tanto o corpo da mulher que gesta quanto o bebê que será gestado.

Além do aspecto envolvendo o parentesco, no tocante à definição da mãe, as práticas de gestação substituta e a doação de óvulos incidem nas representações de maternidade enraizadas como a conexão de mãe e natureza, traduzida na Biologia e em interpretações psicológicas pela expressão "instinto materno". A associação da maternidade com o natural e a paternidade com o social tem sido tema da Antropologia, bem como alvo de críticas nos estudos de gênero (Strathern, 1992).

Afinal, as necessidades biológicas dos seres humanos não envolvem a decisão de querer ou não querer, tomamos como comparativo a necessidade de comer atrelada ao "instinto de sobrevivência", a falta do alimento irá nos fazer adoecer e morrer em poucos dias. Não é o que ocorre com a falta da gestação. Pode-se adoecer psicologicamente pela pressão psicossocial de não se legitimar como mulher de status "mãe", mas não é um fator físico determinante para que a mulher permaneça viva.

Essa pressão é que faz casais, ou mulheres de modo geral, procurarem serviços de reprodução assistida, para que assim se legitimem e passem a ter o "status" ou poder materno, e sejam melhores vistas e aceitas na sociedade. Essa família nuclear formada a partir de ideias sociais que legitimam o papel dos gêneros masculino e feminino é explicada pela questão do parentesco (família nuclear) por Strathern (1992, p. 17):

> [...] falar sobre "parentesco" é referir-se à maneira pela qual os arranjos sociais se baseiam e fornecem o contexto cultural para os processos naturais. De fato, essa sobreposição de conceitos apoia a ortodoxia predominante do século XX em muitas abordagens antropológicas e de outras ciências sociais sobre a cultura, ou seja, que os objetos de estudo são "construções sociais". No caso do parentesco, o que está em questão é a construção social de fatos naturais. Ao mesmo tempo, as críticas estabelecidas, inclusive as da antropologia, tornam evidente que o que é considerado como fatos naturais são, em si, construções sociais.

Mas o que acontece a mulher que se abstém da maternidade por vontade própria ou por problemas de saúde? A que são relegadas? Se a vontade de ser mãe é inerente. Se anatômica, biológica, psicológica e emocionalmente isso se faz com naturalidade, por que as mulheres têm cada vez menos filhos e pensam mais antes de desempenhar esse papel?

1.5.2 Considerações sobre consequências do papel social da mulher

Começo essas considerações dizendo que as pesquisas realizadas sobre o papel parental, ou a maternidade, só foram realizadas com mulheres. São raras as pesquisas sobre homens e sua disposição em ter ou não filhos.

Na última pesquisa do IBGE, em 2010, o resultado foi de que 14% das mulheres brasileiras não têm planos de engravidar. Na pesquisa anterior, a porcentagem era de 10%. Além disso, o Censo mostra que as mulheres com mais instrução (mais de sete anos de estudo) estão sendo mães mais tarde, depois dos 30 anos, e a média de filhos por mulher diminuiu drasticamente – de 6,1 para 1,9 nos últimos 50 anos.

Podemos ver o crescimento na pesquisa global feita em 2019 pela farmacêutica Bayer, com apoio da Federação Brasileira das

Associações de Ginecologia e Obstetrícia (Febrasgo) e do *Think about Needs in Contraception* (Tanco), que constatou que no Brasil, 37% das mulheres não querem ter filhos, e ainda que no mundo o índice chega a 72% nos próximos cinco anos.

São números crescentes do distanciamento da mulher com a maternidade, com tendências a aumentar. Aparentemente, o poder da maternidade não é mais tão interessante. Mas quais são as implicações disso?

São mulheres que não legitimam seus papéis sociais de gênero pelo desempenho da maternidade, pois não são mães, cuidadoras, educadoras. O que muda para elas é diminuir suas responsabilidades (filhos, casa, marido), a pressão social de criar e educar um adulto correto e, de certa forma, poder se responsabilizar apenas por si mesma, como os homens sempre fizeram. No entanto, só as mulheres são julgadas socialmente por isso.

Com relação a poderes político-sociais, as mulheres sem filhos têm melhores salários, por outro lado, é mais difícil para elas conseguirem emprego.

Segundo os números da Pesquisa Nacional por Amostra de Domicílios (Pnad) Contínua, do IBGE, compilados pela consultoria IDados, em 2019:

> [...] mulheres sem filhos ganham em média R$ 2.115 por mês, ter o primeiro filho reduz o salário em 24%. Se a família crescer e o número de crianças chegar a três ou mais, a queda no rendimento é de quase 40%. Nesse grupo, as que têm filhos são a maioria no mercado de trabalho. No primeiro semestre, elas somavam 2,92 milhões de trabalhadoras, contra 1,36 milhão das que não são mães.

Ganharam por um lado e perderam por outro. E o mais interessante é que mesmo com esse aumento salarial, os homens ainda ganham mais, segundo a mesma fonte, no mesmo ano:

> Os homens tiveram rendimento médio mensal 28,7% maior do que as mulheres em 2019, conside-

> rando os ganhos de todos os trabalhos. Enquanto eles receberam R$ 2.555, acima da média nacional (R$ 2.308), segundo o módulo Rendimento de Todas as Fontes, da PNAD Contínua, divulgado pelo IBGE.

Ao fazer a pesquisa sobre diferenças salariais de homens com filhos e sem filhos, não houve resultados referentes.

Por que continuar perpetuando o poder da maternidade que traz mais responsabilidades, mais dificuldades, mais trabalho, sem o respaldo do homem que pode ou não contribuir com essa responsabilidade, se vamos continuar com os mesmos prejuízos? Sem os filhos, o que está assegurado é a diminuição das responsabilidades e o julgamento social.

Em estudos como o de Bonini-Vieira (1997), "[...] a questão das mulheres sem filhos identifica a maternidade como um projeto não relevante para algumas mulheres que, contrariamente à expectativa social, decidem não se tornar mães".

Trindade e Enumo (2002, p. 1) apontam para o fato de que "[...] a mulher infértil continua a ser vista como triste e incompleta, pois essa mulher não desempenhou o papel máximo da realização feminina, a maternidade". Além disso, acredita-se que essas mulheres são solitárias, frustradas e inferiores, e isso implica a depreciação e o estigma da mulher, pois tradicionalmente, em nossa cultura colonial e patriarcal, a maternidade é vista como destino biológico e como valor social inseparável da concretização da identidade feminina.

Cabe ressaltar que em toda essa pesquisa sobre maternidade não existe uma reflexão sobre duas pessoas adultas que devem decidir se querem ou não ter filhos, mas sempre uma responsabilidade quase única da mulher, por seu papel social de gênero. Também, lembramos que o poder judicial sobre o aborto, o poder parental que é da mãe e a decisão sobre cirurgia de ligação de trompas ainda são dos homens, que são a grande maioria nos cargos de decisão, como juízes, legisladores, líderes políticos.

Temos ainda o poder da sexualidade do corpo feminino, que do ponto de vista do gênero masculino, este "poder" se alia à necessidade feminina da busca por um parceiro que a "sacie" sexualmente com o intuito de procriar, que seria o único desejo feminino aceitável. Entende-se que a "natureza" feminina impõe a ela a vontade de atrair o sexo oposto, por isso ela se exibe e busca melhorar sua aparência, fortalecendo sua vaidade e enfraquecendo, quase ao mesmo tempo, a aceitação de si mesma.

Por mais que se diga que o poder da conquista é da mulher atraente, sabemos que o poder da escolha é do homem, logo inicia-se a competição para ser a escolhida. A mais habilidosa será a vencedora e receberá como prêmio a possibilidade de praticar o ato sexual. Mas sabendo que o poder ainda é do homem que a escolheu.

Toda essa estrutura que objetifica o corpo em atrativo sexual a ser escolhido, como um produto na vitrine, traz as consequências que a maioria das mulheres enfrenta, a violência sexual, a violência física e psicológica, tanto dentro como fora da estrutura familiar.

Em pesquisa sobre a violência sexual e o Sistema Jurídico Criminal, Vera Regina Andrade (2005, p. 75) observa em seus dados que se trata de "[...] um subsistema de controle social, seletivo e desigual, tanto de homens como de mulheres e porque é, ele próprio, um sistema de violência institucional, que exerce seu poder e seu impacto também sobre as vítimas". Neste caso, falando da violência sofrida pela mulher. Andrade (2005, p. 76-77) ainda acrescenta:

> [...] e, ao incidir sobre a vítima mulher a sua complexa fenomenologia de controle social, que representa, por sua vez, a culminação de um processo de controle que certamente inicia na família, o Sistema Judicial Criminal duplica, em vez de proteger, a vitimização feminina, pois além da violência sexual representada por diversas condutas masculinas (estupro, atentado violento ao pudor etc.), a mulher torna-se vítima da violência institucional

> plurifacetada do sistema, que expressa e reproduz, por sua vez, dois grandes tipos de violência estrutural da sociedade: a violência das relações sociais capitalistas (a desigualdade de classes) e a violência das relações sociais patriarcais (traduzidas na desigualdade de gênero), recriando os estereótipos inerentes a estas duas formas de desigualdade, o que é particularmente visível no campo da violência sexual.

Vemos que os papéis sociais de gênero se interrelacionam de modo que as decisões que ambos, feminino e masculino, tomam são diretamente ligadas à necessidade de provar-se socialmente como um ou outro. Mesmo que, muitas vezes, crie situações de violência, vistas por muitos como, novamente, algo "natural" do gênero, mas que são construções e performances criadas em prol de uma organização de lucros e hierarquias. Mesmo sem estar no centro da análise deste estudo, vale lembrar que essa violência se instala e se perpetua de modo ainda maior e com mais intensidade nas mulheres não brancas, nos gêneros não definidos pelo binarismo sexual, e nas de classe socioeconômica mais baixa.

A violência colonial contra a mulher indígena é intencionalmente apresentada e naturalizada como resultante de sua "natureza permissível", fruto de uma cultura que compreende a sexualidade como "natural". Logo, tornar o corpo das mulheres indígenas alvo de vários tipos de violência se tornou tática generalizada do colonizador (Penteado, 1980), numa tentativa explícita de justificar por meio da dualidade entre masculino e feminino o exercício do poder por meio da dominação dos corpos (Saffioti, 2004).

O poder da maternidade leva a mulher a sujeitar-se a expor o corpo e buscar incessantemente a gestação, a qualquer custo, mesmo que ser mãe não signifique por si só ser uma mulher considerada correta para a sociedade. Pois os fatores externos (casamento, estupro, abandono pelo parceiro) à gestação e ao parir podem ser mais influentes de maneira negativa do que a positividade de ter um filho. E que também marcam esse filho como um produto de maior ou menor valor, atrelado ao maior ou menor valor da mãe/mulher.

1.6 O PODER CONFERIDO AOS DEMAIS GÊNEROS

Falando agora da comunidade LGBTQIAPN+ e todas as suas identificações, performatizações e compreensões de gênero. Como poderia ser conferido poder para aqueles grupos que não se legitimam nos papéis sociais de gênero preexistentes?

Preexistentes desde o momento em que se cria esse modelo binário de gênero, masculino e feminino. Vê-se, em estudos antropológicos e sociológicos, que muitas culturas não tinham essa concepção. Mais uma vez Oyèrónkẹ (2020, p. 91) nos alerta sobre a cultura Iorubá antes da colonização europeia:

> [...] na minha própria pesquisa sobre a sociedade iorubá do sudoeste da Nigéria, apresento um tipo diferente de organização familiar - a família iorubá tradicional. Ela pode ser descrita como uma família não generificada porque seus papéis de parentesco e suas categorias não são diferenciadas por gênero. O princípio organizador fundamental no seio dessa família é a ancianidade baseada na idade relativa, e não no gênero. Diferente do gênero que é rígido ou estático, o princípio da ancianidade é dinâmico e fluido.

Ainda temos uma grande dificuldade em pensar sobre o gênero fora dessa ótica eurocentrada, colonizadora e perpetuada na nossa sociedade, acredito que nos últimos 50 anos os estudos de gênero ganharam adeptos e se faz mister a necessidade de mais estudos.

Encontramos em *Dilema da Definição*, de Julie Greenberg, entendimentos importantes sobre a intersexualidade, aqui alinho algumas delas para melhor compreensão do que se chama comunidade LGBTQIAPN+. Greenberg (2002, p. 112) diz que: “[...] em toda a história dos Estados Unidos, as leis do país não reconheceram a existência de pessoas intersexuais, ainda que de 1 a 4% da população mundial seja intersexual". Ou seja, se elas não existem, qual tipo de papel devem desempenhar?

Mais uma vez, Greenberg (2002, p. 63) explica:

> [...] crianças XY com pênis 'inadequados' devem ser convertidas em meninas, porque a sociedade acredita que a virilidade é a habilidade de penetrar uma vagina ou urinar em pé. Porém, crianças XX com pênis 'adequados' serão designadas do sexo feminino, porque a sociedade, e muitos membros da comunidade médica, acreditam que para a essência da mulher é mais importante a capacidade de ter filhos que a de participar em uma troca sexual satisfatória.

Dessa forma, fazemos o que nos foi imposto ao transformar comportamentos em aceitáveis aos olhos da sociedade e não pensamos no que as pessoas da comunidade LGBTQIAPN+ realmente procuram.

Butler (2018, p. 168) traz o seguinte sobre desempenho social: "A 'natureza' e o campo da materialidade são ideias, construtos ideológicos, produzidas por essas instituições sociais para apoiar os interesses políticos do contrato heterossexual". O que desmistifica o gênero como um ser ontológico, de nascença, para o gênero performativo, de desempenho social. Butler entende o gênero como a repetição estilizada de ações ao longo do tempo.

É como realizamos a legitimação do gênero no seu papel social, com as ações que indicam o seu gênero, "*Mulher não pode arrotar ou falar palavrão*", "*Mulher deve se comportar na escola*", "*Homem pode arrotar, falar palavrão*", "*Homem não precisa se comportar, pode ser livre na escola*", "*Homem falando assim ou fazendo isso é gay*", "*Mulher com cabelo curto é sapatão*".

Na perspectiva de desempenho de Butler, dentro de determinadas sociedades, o contexto histórico e local é sempre crucial na criação desses papéis.

Existem enormes diferenças nas sociedades que entendem de outra forma a questão de gênero. Em 1576, o padre Pero de Magalhães Gandavo descreve que:

> [...] algumas índias há também entre eles que determinam ser castas as quais não conhecem homem algum de nenhuma qualidade, nem o consentirão, ainda que por isso as matem. Estas deixam todo o exército de mulheres e imitam os homens e seguem seus ofícios como se não fossem fêmeas, trazem os cabelos cortados da mesma maneira que os machos fazem, e vão à guerra com os seus arcos e flechas e à caça perseverando sempre na companhia de homens e cada uma tem mulher que a serve com quem diz que é casada, e assim se comunicam e conversam como marido e mulher (Amantino, 2011, p. 19).

Fica explícita a forma como o colonizador enxerga as posturas e os papéis sociais do povo a ser colonizado. Logo, não há uma natureza ou biologia por trás disso, somente costumes aprendidos.

A exclusão e a falta do desempenho esperado vêm do povo colonizador, está presente dentro da nossa estrutura social colonialista e patriarcal. É essa estrutura social que impede o indivíduo de se manifestar como se sente, como quer ou como deveria para ter seus poderes e direitos político-sociais garantidos.

Casais homoafetivos que tentam representar sua família, com filhos ou não, são muito julgados, porque até hoje, judicialmente, essa família não é reconhecida. A mudança do casamento homoafetivo diz que o Código Civil reconhece como entidade familiar "[...] a união estável entre o homem e a mulher, configurada na convivência pública, contínua e duradoura e estabelecida com o objetivo de constituição de família" (Brasil, 2002). Mas união estável não é a mesma coisa que família, nem nas Leis, nem na sociedade.

Em 2011, Marta Suplicy, exercendo seu mandato de senadora, propôs a alteração da lei para estabelecer como família "a união estável entre duas pessoas". Mesmo tendo sido aprovada em duas comissões, não passou pelo Plenário e foi arquivada no fim do mandato da parlamentar, em 2018, segundo notícia da Rádio Senado de 2022.

Na mesma notícia, o senador Fabiano Contarato, do PT do Espírito Santo, em 2021, relata à Comissão de Constituição e Justiça a dificuldade de garantir direitos para essa parcela da população por meio de lei aprovada no Congresso Nacional:

> Esta Casa fecha, constantemente, as portas para a população LGBT. Prova disso é que todos os direitos dessa população não se deram aqui por lei – direito ao casamento, direito à adoção, direito ao nome social, direito à declaração de Imposto de Renda, direito ao recebimento de pensão, direito de doar sangue e criminalização da homofobia. São alguns direitos. Nenhum se deu pela via adequada para essa minoria – que eu não chamo de minoria; eu chamo de maioria minorizada.

As consequências dessa falta de direitos e reconhecimento se deve por não haver nesse grupo de gêneros LGBTQIAPN+ o desempenho dos papéis sociais. Uma sociedade que legitima inferiorizar, dominar, oprimir e subjugar grupos e indivíduos que somente decidiram desempenhar papéis diferentes dos que estão na estrutura predeterminada é uma sociedade muito desigual na relação de poderes.

Por isso, mesmo dentro dessa comunidade tão divergente, há parte deles que de alguma forma conseguem se legitimar, cito alguns exemplos, casais homossexuais composto por duas mulheres lésbicas, que engravidam e têm filhos biológicos, o poder da maternidade é aceito, mesmo que o poder de família nuclear (pai, mãe e filhos) não seja conferido a elas. O mesmo para casais homossexuais de dois homens que conseguem, por meio de reprodução assistida, ter filhos biológicos, há uma certa aceitação, menor do que das mulheres, pois eles cumpriram o papel social masculino de engravidar uma mulher, mesmo que de maneira tecnológica, mas não se reconhece o poder de cuidar, criar, educar esses filhos. O mesmo se dá com homens trans, eles podem cumprir o papel social de pai legítimo que irá sustentar a mulher e o filho, mas não cumprem a função masculina de gerar a criança biologicamente. Essas nuances que rompem a possibilidade de se legitimar os papéis da comunidade LGBTQIAPN+ são ainda cruéis e desumanas.

Faz-se cada vez mais presente nas legislações, incluindo a brasileira, e nos órgãos internacionais que defendem os direitos humanos, a proteção e o cuidado às pessoas da comunidade LGBTQIAPN+. O que se entende é que estão e são constantemente violentados, abusados e excluídos dos serviços básicos garantidos aos gêneros masculino e feminino.

Essa exclusão os torna mais suscetíveis ao abuso de álcool e outras substâncias ilegais como via de fuga da dor, leva muitos deles à prostituição, por não serem considerados capazes de realizar um trabalho remunerado fora dessa área, aumenta os riscos de doenças psíquicas e emocionais como depressão, transtornos dissociativos etc.

1.7 A BUSCA POR MAIS IGUALDADE NA RELAÇÃO PODER E GÊNERO

Pierre Clastres (1995) estudou o povo paraguaio Guayaki e seu Krembegi, que por ele foi considerado homossexual. Ele indica e cita a forma de vida desse indivíduo (Krembegi) como pederasta, segundo sua visão colonialista. Mas dentro daquela cultura os papéis sociais não têm a mesma conotação desse antropólogo homem, branco, de país colonizador. Então a palavra pederasta vem associada à falta de legitimação do gênero e o colonizador exclui seu poder político-social de imediato. Pelos mesmos princípios das indígenas por padre Pero Gandavo, ele cumpria funções e se comportava de maneira considerada não legitima (tinha cabelos longos, gostava de tecer, não era bom em caça).

Acontece que para os indígenas essa inversão de papéis, se assim podemos colocar pela nossa visão de quais são os papéis sociais, não era um fato que deslegitimava ou que excluía sua posição na comunidade. Ele se adequava da sua maneira e continuava legítimo e incluído no seu povo Guayaki.

Diante de tantas constatações do posicionamento social sobre gênero e poder, é preciso buscar respostas diferentes para compreender toda a situação em que se encontram homens, mulheres e a comunidade LGBTQIAPN+ que reivindicam papéis sociais diferentes, ou que se colocam neles mesmo que não o reivindiquem, mas que o desejam. Como no caso de mulheres que querem ser profissionais ou homens que queiram se dedicar à casa e aos filhos. Diz Beauvoir (2016, p. 158), em *O Segundo Sexo*, sobre as imposições sociais:

> [...] estou convencida de que as relações sociais dos dois sexos, que subordinam um sexo a outro em nome da lei, são más em si mesmas e constituem um dos principais obstáculos que se opuseram ao progresso da humanidade; estou convencida de que devem ser substituídas por uma igualdade perfeita.

Diz ainda a OMS das Américas, na página do site OPAS (Organização Pan-Americana de Saúde), em 2025, "[...] os estudos de gênero exploram como o gênero e a sexualidade são construídos socialmente e como essas construções influenciam as relações de poder e as experiências individuais".

Mesmo que a igualdade perfeita não seja possível, ou não exista, buscar uma forma de não mutilar anseios, de não escravizar, de não sujeitar o outro às vontades daquele que está no cargo de decisão é necessário para iniciarmos uma vida em sociedade menos cruel e dolorosa para a maior parte da população, sabendo que, como já foi dito, o número de mulheres no Brasil supera o de homens. "Se a subordinação é a condição de possibilidade da ação, como podemos pensar a ação contraposta às forças da subordinação?" (Butler, 2017, p. 19).

A ação que não se submete a ser subordinada é a ação que se faz com liberdade.

Vemos exemplos de sociedades não pautadas em gênero funcionando de maneira mais harmônica e com mais igualdade de direitos, deveres e poderes. María Lugones, em *Colonialidade e Gênero* (2020, p. 83) cita Paula Gunn-Allen, que traz as tribos nativo-americanas com estruturas sociais complementares, que:

> [...] incluíam uma chefa interna e um chefe externo. A chefa interna presidia a tribo, a vila ou o grupo, ocupando-se de manter a harmonia e administrar assuntos internos. O chefe, macho, vermelho, presidia as mediações entre a tribo e aqueles que não pertenciam a ela. O gênero não era entendido fundamentalmente em termos biológicos. A maioria dos indivíduos se encaixava nos papéis de gêneros tribais baseados em sua propensão, inclinação e temperamento. Os yumas tinham uma tradição de designar o gênero que era baseada em sonhos; uma fêmea que sonhava com armas transformava-se em macho para todos os efeitos.

A remoção dos rótulos sociais que dizem: "*menino e menina*", "*coisa de mulher e coisa de homem*", "*mulher solteira é mal-amada*", "*homem é assim mesmo*", "*isso é coisa de gay*", "*vai virar viado*", "*ela é sapatão, joga futebol e usa roupa de homem*" talvez seja o início de uma nova forma de pensar os papéis das pessoas na sociedade. Pois em diferentes graus e níveis eles sobrecarregam a todos com o peso do certo ou errado, do encaixar-se ou não na sociedade. Muitos se escondem, muitos se mutilam, muitos se apagam diante desses rótulos.

No intuito de diminuir a quantidade de poder do gênero masculino, para que mulheres e LGBTQIAPN + possam ocupar essas posições de poder e que se permitam como são. Além de terem a possibilidade de estar no papel de escolher e de tomar decisões, reconhecendo que essa capacidade é igual para qualquer gênero, é o que vejo como início do caminho.

Para isso, é preciso entender que o contexto social do capitalismo consiste em transformar tudo em mercadoria: bens, ofícios públicos, concessões administrativas e até pessoas, como os trabalhadores assalariados ou os consumidores. O que nos mostra uma radical desumanização da vida.

Assim, quando excluímos a pessoa dos meios comuns para obtenção de riquezas e posses, sem o poder do dinheiro, da posse ou propriedade de bens materiais, elas são aviltadas à condição de mercadorias vivas, quando não excluídas da sociedade capitalista. Por isso, precisamos falar da equidade salarial, das condições de estudo e trabalho, das oportunidades mais igualitárias para todos os gêneros, para tentar trazer o poder legítimo de maneira menos opressora e dignificar a vida de todos. Isso corrobora também com a necessidade de lutar por reconhecimento dos serviços domésticos, da maternidade compulsória, o que afasta as mulheres do mercado de trabalho, dos cuidados familiares sem dividendos e que as afasta também das discussões públicas.

Sobre a comunidade LGBTQIAPN+, o peso do capitalismo e do colonialismo é ainda maior, sabendo que as instituições sociais são as primeiras a torná-las pessoas sem poderes, identificando-as como aberrações da natureza. O que afasta muitos deles, principalmente os que não conseguem performar gêneros binários de modo "[...] aceitável socialmente", dos estudos e do mercado de trabalho, levando-os a sobreviver a perseguições e violências em muitos ambientes. Além de tirar-lhes o poder do capital, o que dificulta viverem de maneira mais digna.

Lando e Souza (2020, p. 27) trazem o seguinte pensamento de compreensão e liberdade de gênero: "[...] o respeito às diferenças permite que as pessoas exerçam as liberdades pessoais do modo mais amplo possível, seja produzindo escolhas, seja criando uma identidade própria ou mesmo tomando decisões quanto ao próprio corpo".

Acentua Fachin (2014, p. 37):

> A identidade, nessa esteira, parte do pressuposto de como o indivíduo se autodetermina e como é reconhecido pela sociedade, e esse reconhecimento é muito mais complexo do que os rótulos

> simplistas que costumam se apresentar no campo das relações sociais.

Razão pela qual o sexo, a sexualidade e o gênero das pessoas são questões relevantes para a autodeterminação da identidade e dependem do adequado enfrentamento para serem compreendidas pela sociedade e reconhecidas juridicamente para a concretização da prometida cidadania pelo Estado Constitucional Democrático de Direito (Lando; Souza, 2020).

A reversão desse valor capitalizado do ser humano, em maior ou menor proporção de acordo com seu gênero, é uma necessidade e condição *sine qua non* para que todos os gêneros tenham seu poder equiparado.

Da mesma forma, como trouxe Gomes (2018, p. 77-78):

> Com esses pontos em mente, é preciso que empreendamos reflexões críticas que (a) trabalhem nos entrelugares dos binarismos, para borrá-los; (b) tenham por propósito descentralizar as hierarquizações entre os pares acima expostos. Com isso, quero destacar que, situando o estudo na decolonialidade, sigo Lugones em afirmar que a grande dicotomia da colonial modernidade é a entre humanos-não humanos, dicotomia essa que não se resume a diferenciar humanos de outros seres vivos, mas que molda critérios de definição de humanidade que criam "menos humanos", "humanos inferiores", "não humanos".

Discussões, estudos e pesquisas que visem enriquecer a cultura e trazer uma nova mentalidade coletiva para as instituições sociais sejam também renovadas, pois estão intimamente associadas na renovação das estruturas de poder político, econômico e social.

Como trouxe Boaventura (2003, p. 56):

> [...] temos o direito de ser iguais quando a nossa diferença nos inferioriza; e temos o direito de ser diferentes quando a nossa igualdade nos desca-

> racteriza. Daí a necessidade de uma igualdade que reconheça as diferenças e de uma diferença que não produza, alimente ou reproduza as desigualdades.

Assim, a informação sobre essa realidade, dentro e fora das instituições, é fundamental. A elaboração de projetos educacionais, políticas públicas e movimentos que agreguem as questões de gênero e poder são cada vez mais necessários para remodelar essa estrutura. Urge trabalhar propostas e ouvir todas as populações e suas reivindicações. Que este livro seja um de muitos que busca valorizar a todos e ressignificar papéis sociais para melhor distribuição e atribuição de poderes na nossa sociedade.

REFERÊNCIAS

ALMEIDA, Jane Soares de. **As relações de poder nas desigualdades de gênero na educação e na sociedade**. Série-Estudos - Periódico do Programa de Pós-Graduação em Educação da UCDB, [*s. l.*], n. 31, 2013. Disponível em: https://serieucdb.emnuvens.com.br/serie-estudos/article/view/132. Acesso em: 20 jan. 2025.

AMANTINO, Márcia. E eram pardos, todos nus, sem coisa alguma que lhes cobrisse suas vergonhas. *In*: DEL PRIORE, Mary; AMANTINO, Márcia (org.). **História do corpo no Brasil**. São Paulo: Unesp, 2011. p. 15-44.

BAIRROS, Luiza. Conceitos fundamentais do feminismo. *In:* HOLLANDA, Heloisa Buarque de (org.). **Pensamento feminista hoje**: perspectivas decoloniais. Rio de Janeiro: Bazar, 2020. p. 206-214.

BARBOSA, Jerônimo Soares. **Grammatica philosophica da lingua portuguesa ou principios da grammatica geral applicados à nossa linguagem**. 7. ed. Lisboa: Typographia da Academia Real das Sciencias, 1881.

BEAUVOIR, Simone. **O segundo sexo**: a experiência vivida. 3. ed. Tradução: Sérgio Milliet. Rio de Janeiro: Nova Fronteira, 2016. v. 2.

BEAUVOIR, Simone. **O segundo sexo**: fatos e mitos. Tradução: Sérgio Milliet. 4. ed. São Paulo: Difusão Europeia do Livro, 1970.

BENHABIB, Seyla; CORNELL, Drucilla (org.). **Feminismo como crítica da modernidade**. Rio de Janeiro: Rosa dos Tempos, 1987.

BERQUÓ, Elsa S.; CUNHA, Estela Maria G. P. **Morbimortalidade feminina no Brasil (1979-1995)**. Campinas: Editora da Unicamp, 2000.

BLUMER, Herbert. Fashion: from class differentiation to collective selection. **Sociological Quarterly**, Oxford, UK: Blackwell Publishing Ltd, v. 10, n. 3, p. 275-291, 1969.

BOBBIO, Norberto [1985]. Estado, Poder e Governo. *In:* BOBBIO, Norberto. **Estado, Governo e Sociedade**: para uma teoria geral da política. Rio de Janeiro: Paz e Terra, 1995.

BONINI-VIEIRA, Annunciata. **Definidas pela negação, construídas na afirmação.** A perspectiva de mulheres não mães sobre a maternidade e seu projeto de vida. Dissertação (Mestrado em Psicossociologia de Comunidades e Ecologia Social) – EICOS, Universidade Federal do Rio de Janeiro, Rio de Janeiro, 1997.

BONOTE, Michele Teixeira. Ambivalências da sujeição: Judith Butler, Foucault e a psicanálise em *A vida psíquica do poder*. Diálogos ético-políticos com Judith Butler. **Instauratio Magna**: Revista do Programa de Pós-Graduação em Filosofia da Universidade Federal do ABC, São Bernardo do Campo, v. 1, n. 3, p. 53-90, 2021.

BRASIL. [Constituição (1988)]. **Constituição da República Federativa do Brasil de 1988**. Brasília, DF: Presidência da República, 2016. Disponível em: http://www.planalto.gov.br/ccivil_03/Constituicao/ Constituiçao.htm. Acesso em: 5 maio 2022.

BRASIL é apenas 130º em ranking que analisa igualdade salarial entre homens e mulheres com trabalho semelhante. **G1**, Rio de Janeiro, 17 dez. 2019. Disponível em: https://g1.globo.com/economia/noticia/2019/12/17/brasil-e-apenas-130o-em-ranking-que-analisa-igualdade-salarial-entre-homens-e-mulheres-com-trabalho-semelhante.ghtml. Acesso em: 5 mar. 2020.

BRIGIDO, Edimar Inocêncio. Michel Foucault: uma análise do poder. **Revista de Direito Socieconômico e ambiental**, Curitiba, v. 4, n. 1, jan./jun. 2013.

BUTLER, Judith. **A vida psíquica do poder**: teorias em sujeição. Tradução: Rogério Bettoni. Belo Horizonte: Autêntica Editora, 2017.

BUTLER, Judith. **Problemas de Gênero**: feminismo e subversão da identidade. Rio de Janeiro: Civilização Brasileira, 2018.

CABNAL, Lorena. Acercamiento a la construcción de la propuesta de pensamiento epistémico de las mujeres indígenas feministas comunitarias de Abya Yala. *In:* LAS SEGOVIAS. **Feminismos diversos**: el feminismo comunitario [on-line]. ACSUR, 2010. p. 11-25. Disponível em: https://porunavidavivible.files.wordpress.com/2012/09/feminismos-comunitario lorena-cabnal.pdf. Acesso em: 15 abr. 2020.

COMPARATO, Fábio Konder. Capitalismo: civilização e poder. **Estudos Avançados**, São Paulo, v. 25, n. 72, p. 251-276, 2011. Disponível em: https://www.revistas.usp.br/eav/article/view/10585. Acesso em: 20 jan. 2025.

CLASTRES, Pierre [1972]. **Crônica dos índios Guayaki**: o que sabem os Aché, caçadores nômades do Paraguai. São Paulo: Editora 32, 1995.

DECKER, Hannah S. O caso freudiano de Dora, a prova crucial do conceito psicanalítico de transferência. *In:* ROTH, Michel S. **Freud**: conflito e cultura. Tradução: Vera Ribeiro. Rio de Janeiro: Jorge Zahar Editora, 2000.

DE MIRANDA, Ana Paula; CASOTTI, Leticia Moreira; CHEVITARESE, Leandro P. Saia de homem como discurso de poder. dobra [s]: **Revista da Associação Brasileira de Estudos de Pesquisas em Moda**, Barueri, v. 12, n. 26, p. 150-166, 2019.

DEL PRIORE, Mary. **Ao sul do corpo**: a condição feminina, maternidades e mentalidades no Brasil colônia. Rio de Janeiro: Ed. José Olímpio, 1993.

DEL PRIORE. **A mulher na história do Brasil**. São Paulo: Contexto, 1994.

FERNANDES, Sabrina. Pedagogia crítica como práxis marxista humanista: perspectivas sobre solidariedade, opressão e revolução. **Educ. Soc.**, Campinas, v. 37, p. 481-496, 2016.

FEDERICI, Silvia. **Calibã e a bruxa**: mulheres, corpo e acumulação primitiva. São Paulo: Editora Elefante, 2017.

FEDERICI, Silvia. **O Ponto Zero da Revolução**: trabalho doméstico, reprodução e luta feminista. São Paulo: Elefante, 2018.

FEDERICI, Silvia. **O patriarcado do salário**. notas sobre Marx, gênero e feminismo. Tradução: Heci Regina Candiani. São Paulo: Boitempo, 2021.

FOUCAULT, Michel. **Microfísica do poder**. Organização e tradução de Roberto Machado. Rio de Janeiro: Edições Graal, 1979.

FOUCAULT, Michel. **História da Sexualidade I**: a vontade de saber. Tradução: Maria Thereza da Costa Albuquerque. Rio de Janeiro: Graal, 1999.

FREITAS, Denize Terezinha Leal. A maternidade: um desejo ou um propósito? Reflexões a partir do papel maternal das mulheres durante o período colonial. **Cadernos de História**, Porto Alegre, v. 7, n. 1, p. 113-124, jun. 2012.

FREUD, Sigmund [1907]. Os primeiros psicanalistas. *In:* **Ata (I) da Sociedade Psicanalítica de Viena**. Paris: Gallimard, 1979. p. 220.

FREUD, Sigmund [1923]. **O mal-estar na civilização**. ESB, v. XXI, 1976a, p. 124.

FREUD, Sigmund [1923]. **O mal-estar na civilização**. São Paulo: Companhia das Letras, 1976b.

GARANTIA do casamento homoafetivo no país ainda não foi concedida por lei. **Rádio Senado Federal**, Brasília, DF, 2022. Disponível em: https://www12.senado.leg.br/radio/1/noticia/2022/01/18/. Acesso em: 11 maio 2022.

GATTO, Malu A. C.; RUSSO, Guilherme A.; THOMÉ, Débora. **+Representatividade**: relatório. São Paulo: Instituto Update, 2021.

GEBARA, Ivone. **Mulheres, religião e poder**: ensaios feministas. São Paulo: Terceira Via, 2017.

GEBARA, Ivone. Entre os limites da filosofia e da teologia feminista. *In:* SOTER (org.). **Gênero e teologia**: interpelações e perspectivas. São Paulo: Paulinas: Loyola: Soter, 2003.

GIL, Antonio Carlos. **Como elaborar projetos de pesquisa**. São Paulo: Atlas, 2002.

GOMES, Camilla de Magalhães. Gênero como categoria de análise decolonial. **Civitas**-Revista de Ciências Sociais, Porto Alegre, v. 18, p. 65-82, 2018.

GREENBERG, Julie. Definition Dilemmas: Male or Female? Black or White? The Law's Failure to Recognize Intersexuals and Multiracials. *In:* LESTER, Toni (ed.). **Gender Nonconformity, Race, and Sexuality**. Charting the Connections. Madison: Univeristy of Winconsin Press, 2002. p. 102-126.

IBGE. **Pesquisa nacional por amostra de domicílios**: PNAD. Rio de Janeiro: IBGE, 2023. Trabalho doméstico. Disponível em: https://www.dieese.org.br/infografico/2023/trabalhoDomestico2023.html. Acesso em: 28 jan. 2025.

KILOMBA, Grada. **Memórias da plantação**: episódios do racismo cotidiano. Rio de Janeiro: Cobogó, 2019.

LANDO, Giorgio André; SOUZA, Carolina da Fonte Araújo de. O direito à autodeterminação da identidade para além do tradicional binarismo de gênero. **Cadernos de** Gênero **e Diversidade**, Pernambuco, v. 6, n. 1, p. 24-50, 2020.

LOPES, Cláudio Bartolomeu. **Trabalho Feminino em Contexto Angolano**: um possível caminho na construção de autonomia. Dissertação (Mestrado em Serviço Social) – Pontifícia Universidade Católica de São Paulo, São Paulo, 2010.

LUGONES, María. Colonialidade e gênero. *In:* HOLLANDA, Heloisa Buarque de (org.). **Pensamento feminista hoje**: perspectivas decoloniais. Rio de Janeiro: Bazar: 2020. p. 52-83.

MACHADO, Rita de Cássia Fraga *et al.* **As pensadoras**. São Leopoldo: Editora As Pensadoras, 2021. v. 1.

MARX, Karl. **O capital**: crítica da economia política. Livro I: O processo de produção do capital. Tradução: Rubens Enderle. São Paulo: Boitempo, 2013.

MARTINS, Paulo H.; BENZAQUEN, Júlia F. Uma proposta de matriz metodológica para os estudos decoloniais. **Cadernos de Ciências Sociais da UFRPE**, Recife, v. 2, n. 11, p. 10-31, 2017. Disponível em:

www.journals.ufrpe.br/index.php/cadernosdecienciassociais/article/view/1882/482482516. Acesso em: 3 mar. 2022.

MELONI, Carolina. **Las fronteras del feminismo**: teorías nómadas, mestizas y postmodernas. Madrid: Editora Fundamentos, 2012.

MIGNOLO, Walter. **Histórias locais/projetos globais**: colonialidades, saberes subalternos e pensamento liminar. Tradução: Solange R. O. Belo Horizonte: Editora UFMG, 2003.

MOURA, Danielle Ferreira Gomes. Maternidade e poder. **Rev. Mal-Estar Subj.** [on-line], Fortaleza, v. 13, p. 387-404, 2013.

NASCIMENTO E SILVA, Maria das Graças Silva; ALVES, Hellen Virgina da Silva; KANOÉ, Tânia. Mulheres indígenas: O combate à violência através das leis, dos costumes e da cultura dos Povos da Terra Indígena Rio Guaporé em Rondônia. *In*: ENCONTRO NACIONAL DOS GEOGRÁFXS, 19., 2018, Curitiba. **Anais** [...]. 2018. Disponível em: http://www.eng2018.agb.org.br/site/anaiscomplementares2. Acesso em: 6 abr. 2022.

ORGANIZAÇÃO Pan-Americana da Saúde. **Equidade de gênero em saúde**. [on-line], 2025. Disponível em: https://www.paho.org/pt/topicos/equidade-genero-em-saude. Acesso em: 17 de jan. 2025.

OYĚWÙMÍ, Oyèrónkẹ. Conceituando o gênero: os fundamentos eurocêntricos dos conceitos feministas e o desafio das epistemologias africanas. *In:* HOLLANDA, Heloisa Buarque de (org.). **Pensamento feminista hoje**: perspectivas decoloniais. Rio de Janeiro: Bazar, 2020. p. 84-95.

OYĚWÙMÍ, Oyèrónkẹ. **A invenção das mulheres**: construindo um sentido africano para os discursos ocidentais de gênero. Rio de Janeiro: Bazar do Tempo, 2021.

PAREDES, Julieta. El feminismocomunitario: la creación de un pensamiento propio, **Corpus** [on-line], v. 7, n. 1, 2017. Disponível em: http://journals.openedition.org/corpusarchivos/1835. Acesso em: 5 mar. 2022.

PAREDES, Julieta. **Hilando Fino (Desde el feminismo comunitario).** La Paz: CEDEC, 2008.

DICIO, Dicionário Online de Português. **Poder**. Porto: 7Graus, 2020. Disponível em: https://www.dicio.com.br/poder/. Acesso em: 3 mar. 2022.

PRECIADO, Beatriz Paul. **Um apartamento em Urano**: crônicas da travessia. Tradução: Cristina Rodriguez e Artur Guerra. 1. ed. Arcozelo: Bazarov, 2020.

QUIJANO, Aníbal. Colonialidad del poder, globalización y democracia. **Revista de Ciencias Sociales de la Universidad Autónoma de Nuevo León**, Monterrei, ano 4, n. 7 e 8, sept.-abr. 2001-2002.

QUIJANO, Aníbal. Colonialidad del poder, eurocentrismo y America latina. *In*: LANDER, Edgardo (comp.). **Colonialidad del Saber, Eurocentrismo y Ciencias Sociales**. Buenos Aires: CLACSO-UNESCO, 2000a. p. 201-246.

QUIJANO, Aníbal. Colonialidad del Poder y Clasificacion Social. Festschrift for Immanuel Wallerstein, part I. **Journal of World Systems Research**, Riverside, v. 11, n. 2, Summer/Fall 2000b.

QUIJANO, Aníbal. Colonialidade do poder, eurocentrismo e América Latina. *In*: LANDER, Edgardo (org.). **A colonialidade do saber**: eurocentrismo e ciências sociais. Perspectivas latinoamericanas. Buenos Aires: CLACSO, 2005. p. 7-24.

RODRIGUES, Carla. Ser e devir: Butler leitora de Beauvoir. **Cadernos Pagu**, Campinas, n. 56, p. 1-21, 2019.

SAFIOTTI, Heleith. **O poder do macho**. São Paulo: Editora Moderna, 1987.

SANTANA, Izabela Loner. Performatividade e real: os limites da subversão em Judith Butler. Diálogos ético-políticos com Judith Butler. **Instauratio Magna**: Revista do Programa de Pós-Graduação em Filosofia da Universidade Federal do ABC, São Bernardo do Campo, v. 1, n. 3, p. 91-133, 2021.

SANTOS, Boaventura de Sousa. Por uma concepção multicultural de direitos humanos. *In*: SANTOS, Boaventura de Sousa (org.). **Reconhecer para libertar**: os caminhos do cosmopolitismo multicultural. Rio de Janeiro: Civilização Brasileira, 2003. p. 429-461.

SCOTT, Joan. **Gênero**: uma categoria útil para a análise histórica. Tradução: Christine Rufino Dabat e Maria Betânia Ávila. Recife: SOS: Corpo e Cidadania, 1990.

SIMMEL, George. Fashion. **American Journal of Sociology**, Chicago, v. 6, n. 62, p. 541-558, 1957. (Reprinted from International Quarterly, v. 10, p. 130-155, 1904).

STRATHERN, Marilyn. **Reproducing the future**: essays on anthropology, kinship and the new reproductive technologies. Manchester: Manchester University Press, 1992.

STRATHERN, Marilyn. Necessidade de pais, necessidade de mães. **Revista Estudos Feministas**, Rio de Janeiro, v. 3, n. 2, p. 303-329, 1995.

TRINDADE, Zeidi Araujo; ENUMO, Sônia Regina Fiorim. Triste e incompleta: Uma visão feminina da mulher infértil. **Psicologia USP**, São Paulo, v. 13, n. 2, p. 151-182, 2002.

VIOLÊNCIA contra a mulher aumentou no último ano revela pesquisa do DataSenado. **Agência Senado**, dez. 2021. Disponível em: http://www12.senado.leg.br/notícias/materias/2021/12/09/. Acesso em: 5 maio 2022.

WEBER, Max. Economia e sociedade. **Fundamentos da sociologia**. Brasília: Ed. UnB, 1999. v. 2.

WOLLSTONECRAFT, Mary. **Reivindicação dos direitos da mulher**. Tradução: Celina Vergara. São Paulo: Lafonte, 2020.

YOUSAFZAI, Malala. **Eu sou Malala**: a história da garota que defendeu o direito à educação e foi baleada pelo Talibã. São Paulo: Companhia das Letras, 2013.

ZAFIROPOULOS, Markos. A teoria freudiana da feminilidade: de Freud a Lacan. **Periódicos Eletrônicos em Psicologia**, Belo Horizonte: Reverso, v. 31, n. 58, p. 15-24, set. 2009. Disponível em: http://pepsic.bvsalud.org/scielo.php?script=sci_arttext&pid= S0102-73952009000200002&lng=pt&nrm=iso. Acesso em: 10 mar. 2022.